Am, Stram, Gram
Et
Calligrammes

Am, stram, gram, sans tambour ni
tam-tam: visitez notre site web:
www. Soulieresediteur.com

Du même auteur
pour le même public

Une gardienne pour Étienne, illustré par Anne Villeneuve, éd. les 400 coups, 1998. Prix M. Christie 1999.

L'abécédaire des animots, illustré par Marjolaine Bonenfant, éd. Les heures bleues, 2000. Finaliste au Prix du Gouverneur général pour les illustrations.

Le bal des chenilles suivi de **Une bien mauvaise grippe,** réédition, coll. Ma petite vache a mal aux pattes, Soulières éditeur, 2001.

Des bonbons et des méchants, ill. Stéphane Poulin, coll. Ma petite vache a mal aux pattes, Soulières éditeur, 2003.

Le prince des marais, ill Stéphane Bourrelle, éd. Les 400 coups, 2002.

Le chien de Léopold, illustré par Leanne Franson, éd. Les 400 coups, 2006.

Dans la collection Tous azimuts, 1er cycle, éd. Graficor, 2000

Non, pas une nouvelle école, ill. Jacques Lamontagne, **Le plus beau sapin du monde**, ill. Jacques Lamontagne **Ma mère se marie**, ill. Hélène Desputeaux, **En scène**, ill. Hélène Desputeaux, **Surprises au pluriel**, ill. Hélène Desputeaux, **Panne dans le salon**, ill. Joanne Ouellet, **Encore un livre à lire**, ill. Bruno St-Aubin, **Gros comme une baleine**, ill. Bruno St-Aubin.

Dans la collection Rat de bibliothèque, éd. Du Renouveau pédagogique
Saperlipopette, Violette, ill. Diane Blais, (2002), **Pas de panique**, ill. Anne Villeneuve, (2002), **Cœur en chômage**, ill. Steeve Lapierre, (2002), **Ho ! Ho ! Ho ! Bientôt Noël**, ill. Roxanne Fournier, (2003).

Am, Stram, Gram et Calligrammes

Des calligrammes de Robert Soulières

illustrés par Caroline Merola

SOULIÈRES | ÉDITEUR

case postale 36563 — 598, rue Victoria
Saint-Lambert (Québec) J4P 3S8

Soulières éditeur remercie le Conseil des Arts du Canada et
la SODEC de l'aide accordée à son programme de publica-
tion et reconnaît l'aide financière du gouvernement du
Canada par l'entremise du Programme d'Aide au
Développement de l'Industrie de l'Édition (PADIÉ) pour ses
activités d'édition. Soulières éditeur bénéficie également du
Programme de crédit d'impôt pour l'édition de livres –
Gestion Sodec – du gouvernement du Québec.

Dépôt légal: 2006
Bibliothèque nationale du Canada
Bibliothèque et Archives nationales du Québec

Données de catalogage avant publication (Canada)

Soulières, Robert
    Am stram gram et calligrammes
    (Collection Ma petite vache a mal aux pattes ; 70)
    Poèmes.

    Pour enfants de 6 ans et plus.

    ISBN-13: 978-2-89607-048-0
    ISBN-10: 2-89607-048-6

    I. Merola, Caroline. II. Titre. III. Collection.
PS8587.O927A82 2006   jC841'.54   C2006-940807-6
PS9587.O927A82 2006

Conception graphique de la couverture:
Annie Pencrec'h

Illustration de la couverture
et illustrations intérieures:
Caroline Merola
Logo de la collection:
Caroline Merola

À MON AMI
ALAIN M.
POUR LE FOND...
ET POUR LA FORME.

UNE IDÉE LUMINEUSE

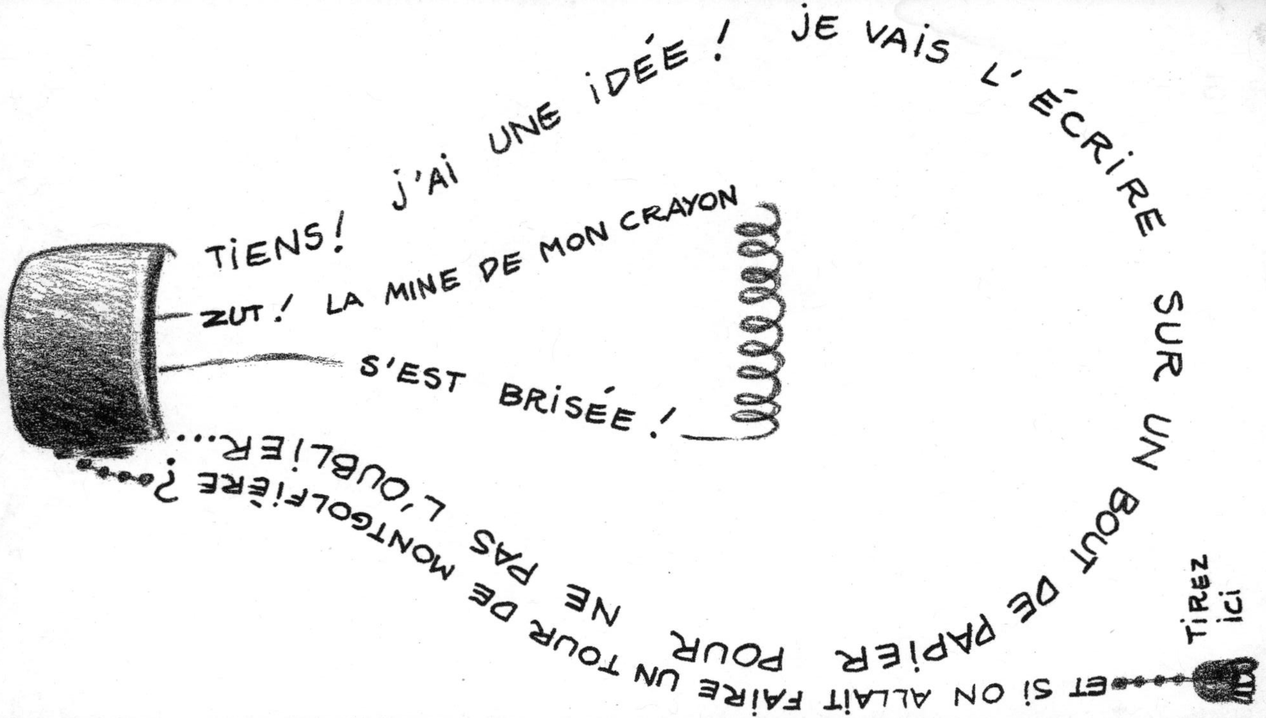

TIENS! J'AI UNE IDÉE ! JE VAIS L'ÉCRIRE SUR UN BOUT DE PAPIER POUR NE PAS L'OUBLIER...
ZUT ! LA MINE DE MON CRAYON S'EST BRISÉE !
ET SI ON ALLAIT FAIRE UN TOUR DE MONTGOLFIÈRE ?
TIREZ ICI

LA MONTGOLFIÈRE

EMMÈNE-MOI AU SEPTIÈME CIEL POUR EMBRASSER LES ÉTOILES ET TOUCHER AU SOLEIL. EMMÈNE-MOI AU BOUT DU MONDE AVEC TOI! EMMÈNE-MOI AU SEPTIÈME CIEL

LE SABLIER

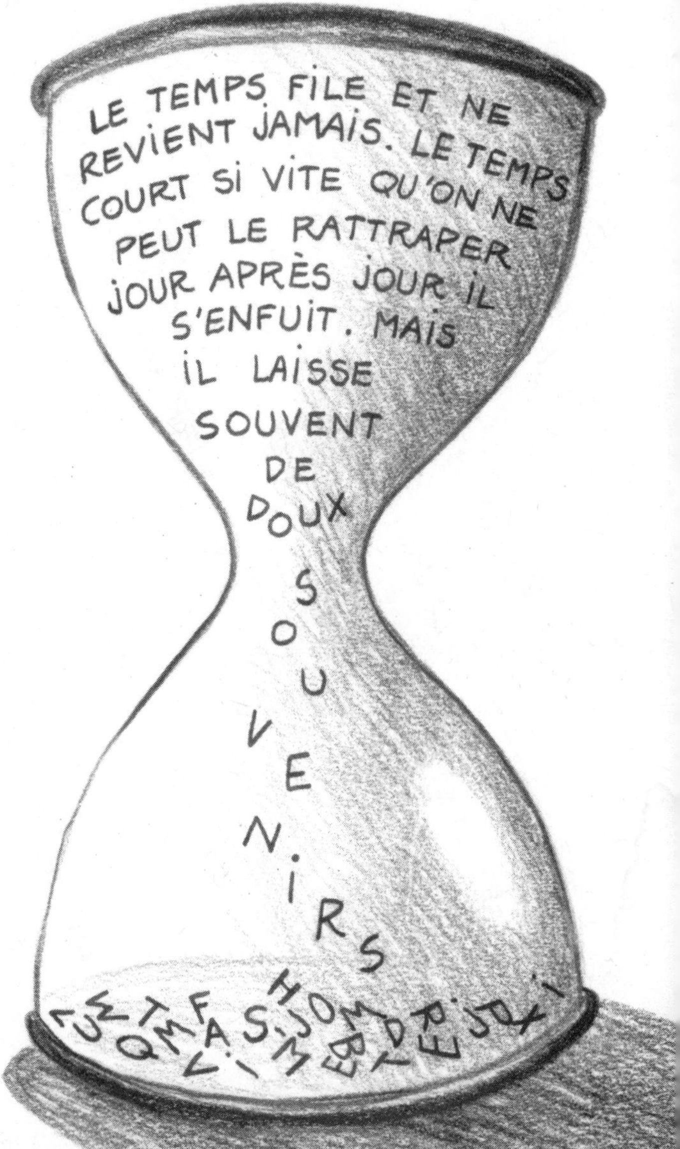
LE TEMPS FILE ET NE
REVIENT JAMAIS. LE TEMPS
COURT SI VITE QU'ON NE
PEUT LE RATTRAPER
JOUR APRÈS JOUR IL
S'ENFUIT. MAIS
IL LAISSE
SOUVENT
DE
DOUX
SOUVENIRS

LA PLUIE

LE TEMPS
EST TRISTE   PLEURE
LE CIEL   IL   PLEUT   DEBOUT

IL PLEUT À BOIRE

RESTER À LA MAISON,   UN PEU   JOUER DU PIANO

CELA M'ENNUIE   ÉCOUTER UN DISQUE

MAIS JE PEUX

LIRE UN LIVRE,   VIVE LA PLUIE

AU FOND,

QUI FAIT POUSSER

LES ROSES

LA PLUIE QUI TOMBE

AUJOURD'HUI, LES VERS DE TERRE
PRENNENT L'AIR
ET PENDANT CE TEMPS-LÀ, LE SOLEIL
SE REPOSE LA TÊTE SUR UN NUAGE
J'AI HÂTE À DEMAIN
IL FERA BEAU ET CHAUD ! CAR DEMAIN

LIVRE
FEUILLES
MOTS
LIVRE
MOTS
FEUILLES
ET LES ARBRES
DEVIENNENT

16

L'ARBRE

POUR NOTRE **B**
LIVRES POUR NOTRE **O**
DES LIVRES POUR NOTRE **N**
DES LIVRES POUR NOTRE **H**
POUR NOTRE **E**
DES LIVRES POUR NOTRE **U**
NOTRE **R**

MON CERF-VOLANT

AVEC LE VENT DE LA LIBERTÉ

LES TORNADES

ADELE · BASILE · CECILE · SO? CTOR

GILBERTO · KATRINA · HUGO · V

FELIPE · ANDREW · ERIC ·

HECTOR · GABRIELLA

NINA · THEODORE · BESESS

RAMON · VERONICA · U

CIA · JACK · MADELE

NA · IRMA · ELE

NA · BASILE · D

AVID · QUEN

TIN BOB

KARINA

LAURA

OURAGAN · BLEUE · EAU · INONDATION · FOUDRE · NOYADE SURV · TONNERRE · RAZ DE MAREE

L'AVION SILLONNE LE CIEL PLUS

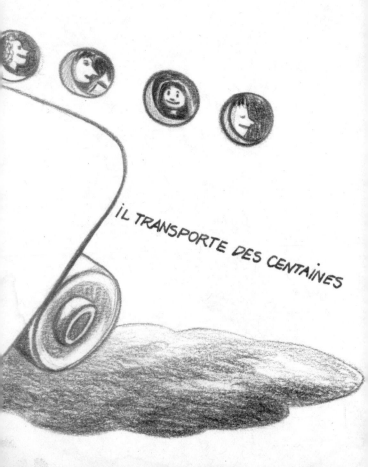

IL TRANSPORTE DES CENTAINES

L'AVION

VITE ET PLUS HAUT QUE L'OISEAU — OSLO

DE PASSAGERS JUSQU'À PARIS, LONDRES,

BRILLE DANS LA NUIT

DU PHARE VEILLE ET SURVEILLE

NE DORT. LE BROUILLARD PEUT

COUCHER DANS LE FAR WEST

LE PONT

LE PONT ENJAMBE LE FLEUVE D'ARGENT

LES AUTOS ENJAMBENT
LEU EN MAUGRÉANT, EN PESTANT

EN SOURIANT BEAU TEMPS MAUVAIS TEMPS
LE FLEUVE À LA QUEUE LEU
ET EN KLAXONNANT TOUT LE TEMPS!

LE BATEAU DANSE SUR L'OCÉAN

L'ACCOMPAGNENT TOUT AU LONG

ET LE CIEL EST MENAÇANT

PAR CHANCE, LE BATEAU N'A JAMAIS

Un Bateau Sur La Mer

Tout bleu. Les mouettes

du voyage. La tempête gronde

Le bateau valse avec la tempête.

Le mal de mer !

L'ANCRE

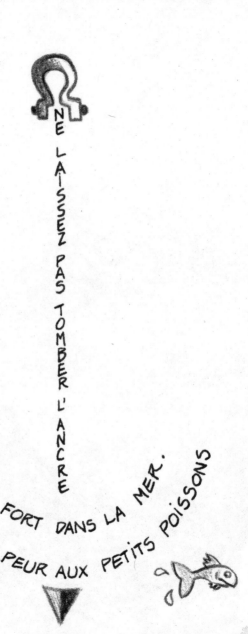

NE LAISSEZ PAS TOMBER L'ANCRE TROP FORT DANS LA MER. VOUS FAITES PEUR AUX PETITS POISSONS

LE CHAT QUI DORT

COLONEL, LE GROS CHAT GRIS
SE FAIT BRONZER SUR LA GALERIE
IL RONRONNE ET DORT TOUTE LA JOURNÉE
TOUTE LA NUIT
PARCE QU'IL CHASSERA

LE SERPENT

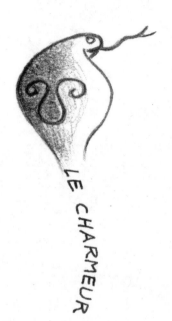

LE CHARMEUR DE SERPENTS EST CHARMÉ. MAIS ATTENTION! UNE MORSURE DE SERPENT ET C'EST LA MORT SÛRE!

UNE FONTAINE
COMME BALEINE LANCE AU CIEL
UN GRAND JET D'EAU
MAIS TOUT CE QUI MONTE
DOIT REDESCENDRE
ET LA BALEINE REÇOIT
UN PEU D'EAU
SUR LE NEZ

LA BALEINE

L'ESCARGOT

JE ME DÉPÊCHE LENTEMENT. JE NE SUIS PAS PRESSÉ. JE HUME L'AIR DU VENT ET JE REGARDE LE TEMPS PASSER

LA SAUTERELLE

UNE GRANDE SAUTERELLE SAUTE À

AU MOIS D'AOÛT. ELLE VA ELLE VIENT

ESSAIENT DE L'ATTRAPER POUR

PERDRE HALEINE COMME UN KANGOUROU

DANS LE JARDIN ET LES ENFANTS

AVOIR UN PEU DE MIEL

LE PAON

LE PAON SA QUEUE DÉPLOIE SA BELLE ET MULTICOLORE EN UN ÉVENTAIL POUR SÉDUIRE SA BELLE ET POUSSE DE PETITS CRIS AIGUS IL DANSE IL FAIT LA ROUE ET SE PAVANE. ATTENTION ! SES BELLES PLUMES POURRAIENT FINIR SUR LE CHAPEAU D'UNE DAME... CIEL ! QUEL DRAME !

LA HARPE

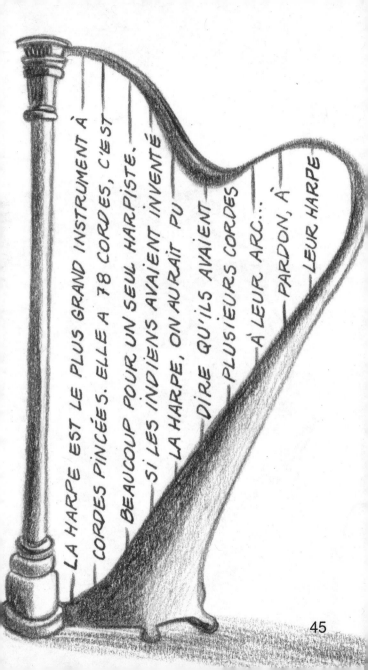

LA HARPE EST LE PLUS GRAND INSTRUMENT À CORDES PINCÉES. ELLE A 78 CORDES, C'EST BEAUCOUP POUR UN SEUL HARPISTE. SI LES INDIENS AVAIENT INVENTÉ LA HARPE, ON AURAIT PU DIRE QU'ILS AVAIENT PLUSIEURS CORDES À LEUR ARC... PARDON, À LEUR HARPE

45

LE PIANO

UN GRAND PIANO SE REPOSE AU
SALON. DES DOIGTS MALHABILES
S'Y POSENT. CE N'EST PAS ENCORE
MOZART OU LISZT, MAIS DE GRÂCE
NE TIREZ PAS SUR LE PIANISTE !

LES POTEAUX

LES FILS DU TÉLÉPHONE REGOR-
QUI PIAILLENT ET QUI CHANTENT
HIRONDELLES VIENNENT DÎNER
GRAND PIQUE-NIQUE ET LES OISEAUX

DE JANVIER À DÉCEMBRE, LES
POTEAUX DE TÉLÉPHONE RESTENT

DE TÉLÉPHONE

GENT DE ROUGES-GORGES
POUR QUE LES MOINEAUX ET LES
AVEC EUX ALORS C'EST LE
SONT AU SEPTIÈME CIEL

BIEN DROITS EN SILENCE, ILS
ADORENT L'ÉTÉ QUI RAMÈNE LES OISEAUX

LA CRAVATE DE MON PÈRE

MON PÈRE NE PORTE JAMAIS DE CRAVATE ET JE TROUVE QUE ÇA LUI VA TRÈS BIEN!

51

C'EST LA MAMAN MAINTENANT QUI PORTE L'ENFANT

CE MIDI

ON NE MANGE PAS AVEC SON COUTEAU

PLUS DE POMMES DE TERRE. IL N'Y A PLUS RIEN DANS MON ASSIETTE: PLUS DE CAROTTES, PLUS DE VIANDE

J'AI HÂTE AU DESSERT

LA FOURQUETTE

55

C'EST LA VIE...

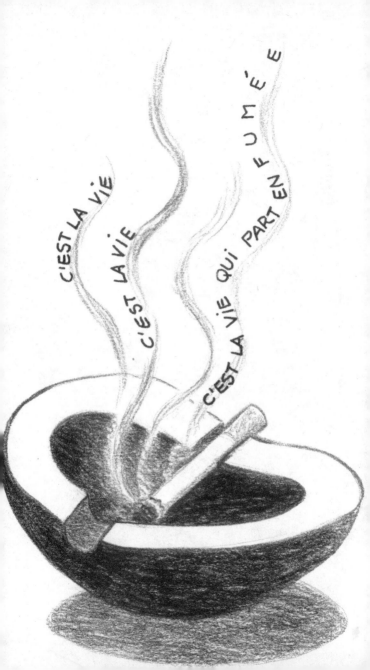

LA CORDE À LINGE

LA CORDE À LINGE PLIE SOUS LA CHALEUR DU VENT CARESSE LE DRAP BLANC ET LE SOLEIL RÉCHAUFFE LES FLEURS

LE POIDS DES VÊTEMENTS

LE PANTALON SÈCHE

S'ÉTIRE, S'ÉTIRE

DE TOUT SON LONG

L'EAU S'ÉVAPORE

ET TOUT DEVIENT SEC

LE CALEÇON
DE LÉON

LA SERVIETTE
D'ANNETTE

OUPS !
LE CHEMISIER
D'AUDREY
S'EST
ENVOLÉ

LA RÉCRÉATION

ENCORE PLUS LES RÉCRÉATIONS

POUR JOUER AU BASKETBALL AVEC MES AMIS TRIIL

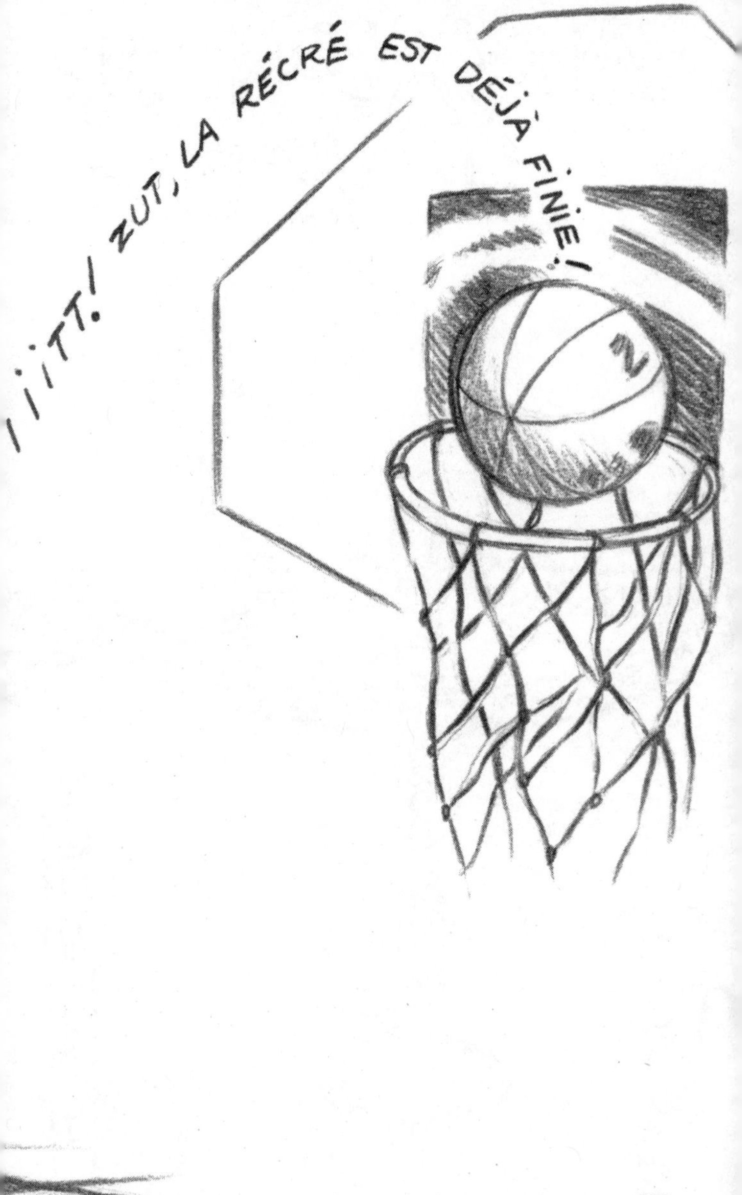
¡¡TT! ZUT, LA RÉCRÉ EST DÉJÀ FINIE!

AU SALON DU LIVRE

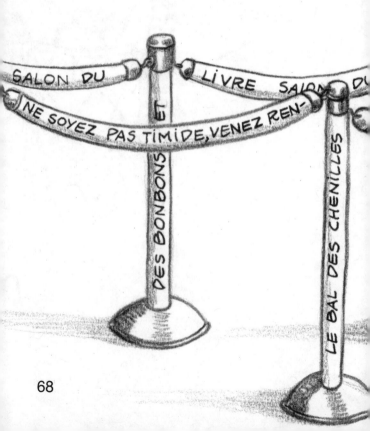

LIVRE SALON DU LIVRE

CONTRER VOTRE AUTEUR PRÉFÉRÉ

DES MÉCHANTS

UNE GARDIENNE POUR ÉTIENNE

LE CHIEN DE LÉOPOLD

ALON DU LIVRE

GRAM

IL SE FERA UN PLAISIR DE DÉDICACER

AM STRAM

ET CALLIGRAMMES

Robert Soulières

Il y a très longtemps que j'ai eu l'idée d'écrire ces calligrammes.

J'ai toujours adoré jouer avec les mots et les lettres, et les calligrammes sont une belle invention pour ça. C'est Guillaume Apollinaire, je crois, qui, le premier, a eu l'idée d'écrire des calligrammmes, c'est-à-dire des poèmes écrits avec des mots formant des objets. Ses premiers calligrammes ont été écrits en 1918.

Dans *Am, stram, gram et calligrammes*, grâce au talent de Caroline Merola, la forme du calligramme s'est enjolivée. Caroline et moi, nous avons imaginé 29 calligrammes. Toi aussi, tu peux t'amuser à en créer d'autres ou mettre d'autres mots sur ceux que nous avons faits. Jouer avec les mots, avec les lettres, c'est très amusant, tu verras.

Caroline Merola

CAROLINE DESSINE SUR LES MOTS DE ROBERT, À L'ENCRE, À LA MINE, À L'ENDROIT, À L'ENVERS. ELLE TOURNE LE CARTON SANS LEVER LE CRAYON. À LA FIN, C'EST JOLI, MAIS ELLE EST UN PEU ÉTOURDIE.

TABLE DES MATIÈRES

MA PETITE VACHE A MAL AUX PATTES

Imprimé sur du papier 100 % postconsommation, traité sans chlore, accrédité Éco-Logo et fait à partir de biogaz.

Achevé d'imprimer
sur les presses de Marquis Imprimeur
en août 2006